BEI GRIN MACHT SICH IHR WISSEN BEZAHLT

AF140287

- Wir veröffentlichen Ihre Hausarbeit,
  Bachelor- und Masterarbeit

- Ihr eigenes eBook und Buch -
  weltweit in allen wichtigen Shops

- Verdienen Sie an jedem Verkauf

Jetzt bei www.GRIN.com hochladen
und kostenlos publizieren

Bibliografische Information der Deutschen Nationalbibliothek:

Die Deutsche Bibliothek verzeichnet diese Publikation in der Deutschen National-
bibliografie; detaillierte bibliografische Daten sind im Internet über http://dnb.d-
nb.de/ abrufbar.

Impressum:

Copyright © 2012 GRIN Verlag, Open Publishing GmbH
Druck und Bindung: Books on Demand GmbH, Norderstedt Germany
ISBN: 978-3-668-03635-2

Dieses Buch bei GRIN:

http://www.grin.com/de/e-book/303595/die-novelle-im-ausgehenden-18-jahrhundert-
und-im-19-jahrhundert

Milena Gutsch

Die Novelle im ausgehenden 18. Jahrhundert und im 19. Jahrhundert

Ausarbeitung zur mündlichen Examensprüfung germanistische Literatur-wissenschaft

GRIN Verlag

GRIN - Your knowledge has value

Der GRIN Verlag publiziert seit 1998 wissenschaftliche Arbeiten von Studenten, Hochschullehrern und anderen Akademikern als eBook und gedrucktes Buch. Die Verlagswebsite www.grin.com ist die ideale Plattform zur Veröffentlichung von Hausarbeiten, Abschlussarbeiten, wissenschaftlichen Aufsätzen, Dissertationen und Fachbüchern.

Besuchen Sie uns im Internet:

http://www.grin.com/

http://www.facebook.com/grincom

http://www.twitter.com/grin_com

Primärliteratur:

Johann Wolfgang von Goethe: *Unterhaltungen deutscher Ausgewanderten* (1795)

Heinrich von Kleist: *Das Erdbeben in Chili* (1807)

Heinrich von Kleist: *Die Marquise von O...* (1808)

Adalbert Stifter: *Brigitta* (1847)

Theodor Storm: *Immensee* (1849)

Paul Heyse: *L'Arrabbiata* (1853)

Gottfried Keller: *Romeo und Julia auf dem Dorfe* (1856)

Gottfried Keller: *Die drei gerechten Kammmacher* (1856)

Theodor Storm: *Auf dem Staatshof* (1859)

Theodor Storm: *Pole Poppenspäler* (1874)

Gerhart Hauptmann: *Bahnwärter Thiel* (1888)

Thomas Mann: *Der kleine Herr Friedemann* (1897)

Sekundärliteratur:

Freund, Winfried: Novelle. Reclam

- **Begriff, Bedeutung, Herkunft**
- Anfänge der literarischen Novelle liegen in den anonym verfassten Biographien der altprovenzalischen Troubadoure aus dem 13. Jh.; diese zusammengestellten Biographien erzählen Neues, Außergewöhnliches, Geschichten von nicht alltägl. Liebeserfüllungen u. tragischen Verwicklungen (Neu war zur Zeit ihrer Verbreitung das Bekenntnis zum persönl. Schicksal, zum Erleben des Einzelnen)
- Aus diesen Troubadour-Biographien entwickelte sich in der ital. Frührenaissance die Novelle, begleitet aus dem ital. Wort NOVELLA für Neuigkeit
- Als Urbild des Genres gilt im Besonderen Giovanni Boccaccios Novellenzyklus „Decamerone"; im Einflussbereich des Decamerone entstanden in Italien und Spanien (Cervantes) zahlreiche Novellendichtungen
- ➤ Prosanovelle avancierte in der frühen Neuzeit bereits zur populären Erzählform
- ➤ Aber nicht so in Deutschland
- Begriff bürgerte sich in Dtl. erst spät ein -> Wieland verwendet den Begriff erstmals 1764 in seinem „Don Sylvio von Rosalva": werden neben Persischen Erzählungen u. Feenmärchen auch Novellen als kürzere Erzählformen genannt
- Goethe hat den Begriff in seinen „Unterhaltungen deutscher Ausgewanderten" (1795) nicht verwendet, auch wenn dieser Novellenband von Boccaccios Decamerone angeregt worden war
- In der Goethezeit konkurrieren Bezeichnungen wie „Historie/ Geschichte/ Erzählung" mit dem Novellenbegriff

- **Novellentheorie**
- Seit Wieland wurde die Adaption der Novelle in Dtl. mit Versuchen begleitet, sie theoretisch zu erfassen u. die Besonderheiten novellistischen Erzählens zu bestimmen
- Wieland hebt v.a. die Kürze hervor u. verweist auf die „Simplicität des Plans" im Vgl. zum Roman
- Er grenzt sie vom Märchen ab, da sich das Erzählte auf die Wirklichkeit des Menschen bezieht
- Goethe beschreibt die zentrale Struktur der Novelle als eine sich ereignete unerhörte Begebenheit -> er betont damit die Dominanz des Ereignishaften u. bezieht das Außergewöhnliche des Erzählens mit ein; auch er grenzt sie vom Roman ab: in der Novelle dominiert das Ereignis im Gegensatz zum Roman, in dem die Personen u. die Möglichkeiten personaler Einflussnahme auf die Geschehnisse im Vordergrund steht; im Roman finden sich mehrere Handlungsstränge bzw. es wird am Ausschnitt das Ganze/ die Welt gezeigt; die Novelle hingegen zeigt nur einen Ausschnitt u. nicht die ganze Welt, daher ist sie konzentriertes, dichtes Erzählen

- Bei Wieland und Goethe wird das thematische nicht näher bestimmt (Novelle beschäftigt sich nicht hauptsächlich mit der Liebe im Unterschied zu Boccaccios Decamerone)
- Diese eher am Strukturellen orientierte Theoriebildung setzt sich in der Romantik fort
- In der Romantik erscheint die Novelle als Ausdrucksform der Verbindung von Subjektivem u. Objektivem, von Individuellem u. Sozialen; erzählenswert ist dabei das, was im täglichen Leben Gültigkeit besitzt
- Zudem wird auf die Ähnlichkeit zum Drama hingewiesen, denn wie das Drama geht es auch in der Novelle um ein zentrales Ereignis, das sich in der Handlung zu einem Konflikt entwickelt und damit einen Wendepunkt hervorruft
  -> bspw. geht die Novelle „L'Arrabiata" im Aufbau von dramatischen Verfahren aus: der Anteil an wörtlicher Rede ist sehr hoch, über die die Charakterisierung der Figuren erfolgt und Hintergrundwissen zu ihrer jeweiligen Lebensgeschichte gegeben ist; Beschreibungen der Situation, des Ortes erfolgen nur in kurzen Erzählerpassagen
- Tieck hat besonders die Auffassung vom Wendepunkt vertieft u. ihn als das eigentliche Strukturprinzip der Novelle herausgestellt: so müsse ein best. einzelner Vorfall im Mittelpunkt stehen, d.h. ein Einzelschicksal wird gezeigt, zudem muss sie einen sonderbaren Wendpunkt aufweisen, der das Schicksal verdeutlicht

-> d.h. das Erzählte hat einen Neuheitswert u. ist realistisch, es ist etwas Wunderbares u. stellt damit etwas Unvereinbares dar (der Moral o. des Staates nicht gemäß) und das Handeln der Personen wird durch ein äußeres, nicht steuerbares Element gestört (Wendepunkt)

- Generell wird die Novelle als das literarische Medium angesehen, dass dem Besonderen einen Platz im Allgemeinen zuweist, also ein Einzelschicksal im Ganzen verortet
- Um die Mitte des 19. Jahrhunderts ist ein zentrales Thema der Novelle der Mensch in der Krise -> Novelle wird zur literarischen Aussageweise des problematischen Verhältnisses zw. dem Individuum u. den gesell. sowie geschichtl. Bedingungen; das Krisenhafte u. Problematische wird am Einzelnen verdeutlicht
- So zeigt nach Heyse die Novelle ein bedeutsames Menschenschicksal, einen seelischen oder sittlichen Konflikt; das Spannungsprofil ist dabei für die Novelle charakteristisch -> er bezeichnet dies auch als SILHOUTTE; die Motive müssen sich durch ihre Konfliktträchtigkeit auszeichnen, die sinnbildlich in einem Zeichen Gestalt gewinnt (Heyse nennt dieses Zeichen „Falken" -> lehnt sich dabei an eine Novelle des Decamerone an)
- Darin stimmt auch Storm mit Heyse überein; er bezeichnet die Novelle, in der ein Konflikt im Mittelpunkt zu stehen hat, von dem aus sich das Ganze organisiert, als die „Schwester des Dramas"

Novellentechnik (allg. Strukturmerkmale)

=>   es gibt keine allg.-gültige Def. der Gattung Novelle, da schließlich keine Gattung ein vorgegebenes, ewiges und unveränderliches Wesen haben; jede Gattung kann sich in sich selbst verändern und weiter entwickeln

=>   allg. gilt, dass die meisten Novellen bestimmte Merkmale und Verfahrensweisen verarbeiten, aber es gilt auch, dass das Auftreten dieser Merkmale nicht unbedingt novellistisches Erzählen ausmacht

=>   es gibt einige Strukturmerkmale , die die Novelle im besonderen Maße aufweist:

  ➢ Rahmenerzählung ist prototypisch: sie bildet eine fiktive Erzählsituation aus, in der ein Erzähler im Binnenteil seine Geschichten präsentiert; sie ist an eine fiktive Hörerschaft gerichtet, die zugleich Adressat u. Maßstab ; Niveau u. Anspruch der Gesell., in deren Rahmen die Geschichten erzählt werden, sind verpflichtend für Erzähler -> der Rahmen unterstreicht besonders das integrative Moment des novellistischen Erzählens, d.h. das Eingebundensein des Ind. U. des Subjekts ins Kollektiv u. ins Objektive;
  Man unterscheidet zw. gerahmter Einzelerzählung u. zyklischem Rahmen
  1) Es handelt sich häufig um eine Manuskriptfunktion, um einen Brief, ein Tagebuch o. andere Aufzeichnungen, die dem Leser wegen ihres interessanten Inhalts im Binnenteil zugänglich gemacht werden -> Erzählen erhält dadurch den Anschein des Authentischen; Leser wird zum Zeugen einer spannenden Enthüllung/ einer bisher verborgenen Geschichte mit dem Reiz des Neuen
  2) Zyklische Rahmen verknüpft Erzählungen unterschiedl. Inhalts in oft abwechslungsreicher Stilvariation zu einer Einheit; motiviert wird das Erzählen durch eine geschichtl. o. gesell. erzwungene Situation, die es möglichst kurzweilig u. unterhaltsam zu überbrücken gilt -> bei

Goethe sind es Flüchtlinge, die vor den frz. Revolutionstruppen Zuflucht auf ihren rechtsrheinischen Besitzungen gesucht haben

- ➢ Seit Goethe hat man Novelle mit dem Begriff der (unerhörten) Begebenheit verknüpft; zudem wird auch von Ereignis gesprochen -> es wird damit auf wirklich Vorgefallenes, auf zu einer best. Zeit, an einem best. Ort einmalig Geschehenes; die Novelle ist vorrangig mit dem Realen befasst bzw. mit etwas, das realistisch ist u. damit möglich sein könnte (im Unterschied zum Märchen, das vorrangig Wunderbares/ Phantastisches beinhaltet); Ereignis und Begebenheit stehen dabei in Opposition zur Tat, d.h. zu dem, was vom handelnden Menschen ausgeht u. bewirkt wird -> die Tat/ das Handeln der Protagonisten hat keinen Einfluss auf das Geschehen, vielmehr zwingt das best. (schicksalhafte) Ereignis die Protagonisten zum anderen Handeln (bei Storm: Auf dem Staatshof); UNERHÖRT kann allgemeiner das Außergewöhnliche u. Außerordentliche meinen, das sowohl tragisch als auch utopisch zu verstehen ist (mögliche Wendung ins Katastrophale o. Wunderbare) -> so nimmt in Kellers Romeo u. Julia auf dem Dorfe die Liebe von Vrenchen u. Sali im Freitod ihre schlimmstmögliche Wendung
  - ➢ Gestaltungsansprüche von Konzentration u. Objektivierung legen eine symbolisch dichte Darstellungsweise nahe; so forderte Heyse von jeder Novelle einen Falken, d.h. ein best. Motiv, das an Gelenkstellen der Handlung immer wieder aufgenommen wird u. in dem sich der zentrale Konflikt spiegelt -> demnach hat Falke strukturierende sowie interpretierende Bedeutung -> er offenbart in sinnlicher Erscheinung den wesenhaften Sinn u. objektiviert das subjektiv sich Ereignende zu allg. Bedeutung; synonym zum Falken werden auch die Bezeichnungen Leitmotiv u. Dingsymbol verwendet (bei Romeo u. Julia auf dem Dorfe: Blitzlicht (Wende), Lerche =Dingsymbol (die sie sehen, als sie im Korn sind -> verweis auf tragischen Ausgang: bei Shakespeare heißt es „Es war die Nachtigall u. nicht die Lerche" um Trennung hinaus zu zögern); L'Arrabbiata: der Biss in die Hand -> Laurella wird gezwungen Farbe zu bekennen; Wendepunkt: Laurella kehrt zu Antonino zurück -> zeigt ihren wahren herzlichen Charakter)
  - ➢ Begriff des Wendepunkts als Merkmal der novellistischen Handlungsstruktur (von Schlegel geprägt, der diesen Begriff parallel zum Begriff der dramatischen Peripetie entwickelte); damit ist der Punkt bezeichnet, von dem aus sich die Handlung zum Guten oder Schlimmen wenden kann; dies wird aber nicht durch den Menschen, sondern durch das Geschehen selbst (allerdings heißt das nicht, dass der Einzelne schuldlos an dem plötzlich über ihn hereinbrechenden Verhängnis ist) =>bei Romeo u. Julia: erster Wendepunkt: nach der Versteigerung des Ackers, entwickelt sich Hass bei den scheinbar ehemals guten Freunden -> ihre charakterliche Veränderung zeigt sich im Verhalten gegenüber den Kindern, die nicht mehr zusammen sein können -> Vrenchen wird geohrfeigt ohne Grund
  - ➢ Silhouette verstanden als Fabel

Novellenmärchen – Märchennovellen

- – In der Romantik entstanden Mischformen, in denen sich die Öffnung der endlichen Welt zum Unendlichen artikulierte -> der Punkt, an dem die Verwicklungen in der Wirklichkeit, nach Auflösung drängend, eine andere Richtung nahmen, markierte häufig den Umschlag in s Utopische und Wunderbare
- – Novelle u. Märchen sind vor allem unterschieden nach den Welten, in denen sie spielen -> Novelle bindet den Menschen an die realen Bedingungen seines Daseins; Märchen befreit den Menschen vom Druck des bloß Wirklichen
- ➢ Findet der Einzelne in der Novelle gelegentlich sein Glück, dann geschieht es durch eine positive realistische Wende (z.B. in Storms Pole Poppenspäler durch die glückliche Wiederbegegnung der Liebenden)
- ➢ Im Märchen entspringt das Glück prinzipiell aus dem Wunderbaren; im Märchen ist das Wunderbare das eigentlich Wirkliche; in der Novelle schließt die Wirklichkeit das Wunderbare aus
- ➢ Wo sich beide Stile mischen, entsteht eine Spannung zw. Wirklichkeit u. Möglichkeit
- – Eine Reihe von romantischen Novellen zeigt die Tendenz, sich nach der Erfahrung verengter Wirklichkeit der gesell.-geschichtlichen Realität ins Weite u. Utopische zu öffnen
- – Das Novellenmärchen mit seiner utopischen Öffnung im Finale entspricht dem romantischen Streben nach Ausweitung des bloß Endlichen ins Unendliche, wo alle Verwicklungen u. Konflikte lösbar scheinen
- – Aber mit dem Verlassen der realen Welt u. dem Aufbruch ins Wunderbare werden auch die Grenzen novellistischen Erzählens überschritten

Novelle – Roman – Kurzgeschichte
- Nach ihrer Länge steht die Novelle zw. Roman und Kurzgeschichte
- Dem Alter nach ist sie die älteste und die Kurzgeschichte die jüngste unter den drei Erzählformen
- Roman (und Erzählung als kleiner Roman begriffen) betont die Person als handlungsauslösendes Subjekt u. das als erreichbar vorgestellte Handlungsziel
- Kurzgeschichte konzentriert sich auf das Handlungsresultat, das in einer scharf umrissenen Situation erkennbar u. oft von verschiedenen Seiten beleuchtet wird
- Die polare Ergänzung von handlungsauslösendem Subjekt u. dem Ziel als Objekt des Handelns machen eine Verknüpfung von Roman u. Kurzgeschichte leicht mögl.
- Demgegenüber schließt die Novelle eine solche Vereinnahmung aus, da in ihr weder das handlungsauslösende Subjekt noch das Handlungsziel, sondern die Handlung selbst den Erzählkern bildet
- Nicht die Person, sondern der Prozess selbst bestimmt novellistisches Erzählen
- Ziel des Erzählens wird weniger durch persönliche Initiative herbeigeführt, sondern es ereignet sich vielmehr zufällig
- Im Roman u. in Kurzgeschichte ist den Menschen die Chance zu selbstbestimmendem Handeln eingeräumt
- In der Novelle wird der Mensch fremdbestimmten Handlungsprozessen ausgesetzt, deren auslösende Kraft u. Ziele im Dunkeln zu liegen scheinen

Die Novelle der Klassik
- Erst am Ende des 18. Jh. setzte in Dtl. das Bemühen um eine adäquate Adaption der romanischen Novelle ein
- Die Gattung Novelle wurde zwar zum als Ausdruck des erstarkten bürgerweltlichen Selbstbewusstseins herangezogen, doch sie nahm neben dem Roman nur eine Randstellung ein
- Boccaccios Decamerone galt als Musternovelle
- **Goethes „Unterhaltungen deutscher Ausgewanderten"** knüpft an Boccaccios Decamerone an
- Profil der klass. Novelle ist v.a. geprägt durch einen humanen Optimismus -> dem Menschen wird aufgrund seiner ihm innewohnenden Kräfte zugetraut, moralisch richtig zu handeln
- Bei Goethe tritt jedoch auch die Gewissheit darüber hervor, dass auch durch sittliches Handeln nicht alles beeinflussbar ist und letztendlich bleiben das Phantastische wie Schicksalhafte als unbewältigte Bedrohungen menschlichen Daseins bestehen
- Klass. Novelle zeigt die Tendenz, die unerhörte Begebenheit bis zu dem Punkt zu führen, wo sich die Konflikte u. Krisen auflösen in einer jederzeit möglichen Harmonie -> bei Goethe ist die Harmonie gebunden an die menschl. Fähigkeit der Erkenntnisgewinnung sowie zu einer Einsicht zu gelangen
- **Kleist**: mit seinen Novellen setzt die Geschichte der modernen dt. Novelle ein; Thema ist die Gefährdung u. Zerstörung der bestehenden Gesell. und des Menschen; Menschlichkeit u. ordnendes, moralisches Handeln u. alle idealistischen Werte sind beschränkt auf wenige Ausnahmefälle u. erweisen sich aufs Ganze gesehen als einflusslos
- Kleists Novellen entwerfen in historischen Spiegelungen u. Verfremdungen das Bild der von Grund auf erschütterten traditionellen Welt, in der sich menschl. wie gesell. Abgründe zu öffnen beginnen
- Humanität entfaltet sich ausschließlich in der Isolation von einer heillosen Welt; Krisen erscheinen oft nur abwendbar durch zufällige Fügungen o. Interventionen übermenschl. Mächte
- Die moralisch skeptische Haltung bestimmt die Novellistik Kleists

Novelle der Romantik
- Eigentlich steht die novellistische Bindung an die Endlichkeit u. Begrenztheit des Daseins dem romantischen Streben nach unendlicher Entgrenzung entgegen

- Das expansive Daseinskonzept der Romantiker führte zu einer Ausweitung nach innen wie nach außen (Vertiefung in geistig-seelische Erfahrungsbereiche sowie zu einer Überhöhung der bloßen Alltagsexistenz
- Bewusstes und Unbewusstes, Phantasie u. Phantastik fügten sich in der Novelle zu einer Dialektik von Begrenzung und Entgrenzung, von der Erfahrung des Wunderbaren und Grauenvollen; beides aber, Wirklichkeit des Schreckens wie die Möglichkeit der Erlösung, gehören zum Dasein des Menschen u. machen seine Ganzheit aus
- Novelle leuchtet tief in die psych. Verfassungen u. Abgründe, sie zeigt die Nachtseiten des Einzelnen sowie seine Höhenflüge
- In der Romantik gewinnen die phantastische Novelle u. die Märchennovelle, die Novelle extremer persönl. Entwürfe u. radikaler tragischer Prozesse Gestalt

Die Novelle der Restaurationszeit

- Das Wunderbare, die geistigen Aufbrüche ins Märchen, treten zurück
- Die Sehnsucht nach dem Unbedingten wird verabschiedet u. es wird versucht, sich im Beengten des Einzeldaseins sowie sich in den begrenzten Lebensräumen einzurichten
- Das Glück, wenn es eins gibt, liegt im Subjekt wie in der Annahme der objektiven Lebensbedingungen, in der Geborgenheit in engen Grenzen u. in einer Natur, deren idyllische Schönheit man zu entdecken beginnt
- Novelle wird zum Medium der Daseinsvergewisserung, des Bekenntnisses zum subjektiv und objektiv Gegebenen
- Sie stellt den Versuch dar, auszuloten, was dem Menschen an Lebenschancen geblieben ist, nachdem die revolutionären Aufbrüche gescheitert waren
- Gestalt gewinnen geschichtl. Wie gegenwärtige Lebensformen, mit dem Blick auf Möglichkeiten des Daseins in einer eng gewordenen Welt, in der die Entsagung die menschl. Erfahrung dominiert, in der der entsagende Mensch lernt, sein Glück mit dem zu identifizieren, was ihm geblieben ist
- **Adalbert Stifter**: reagiert auf die kollektive Geschichtsenttäuschung seiner Epoche mit der ästhetischen Beschwörung idyllischer Fiktionen
- In seinen Darbietungen entstehen Bilder harmonischer Natur- u. Gesellschaftszustände, Miniaturen des Friedens u. des Selbstgenügens
- *Brigitta*: das Geschehen wird in Distanzierung von einem Erzähler dargeboten, der den ungarischen Major auf dessen Einladung auf seinem Gut besucht (lebt in völliger Abgeschiedenheit -> Steppe, wo er sein Glück/ Ruhepol gefunden hat), Steppenlandschaft stellt letztendlich einen nach außen abgeschlossenen Lebenskreis dar; Erzähler erfährt dort die Lebensgeschichte der Nachbarin Brigitta; am Ende erfährt er, dass Major u. Brigitta die gescheiterten Eheleute sind; gescheitert war die Ehe an der Untreue Murais, da er der Schönheit einer anderen Frau nicht widerstehen konnte, wodurch er aber Brigitta zu tiefst verletzt hat; erst nachdem Murai den gemeinsamen Sohn vor den Wölfen rettet und ihn bei sich zu Hause pflegt, finden die Eheleute wieder zu einander
- Erotische Leidenschaft wird als zerstörerisch empfunden, zudem tritt das Motiv der Faszination durch die äußere Schönheit hinzu, die aber nur begehrlich macht und nicht gut; Brigitta ist die äußerlich reizlose Frau, deren schöne Augen aber auf ein reiches und schönes Seelenleben hinweisen -> wahre Schönheit kann nur von Innen erwachen; erst die innerliche Schönheit, zu der der Major erst im Alter gelangt, überwindet alle Veräußerlichung und Leidenschaft; Ende: Erzähler verlässt den Lebenskreis eines unangefochtenen Glücks, das in seiner Unwirklichkeit räumlich u. zeitlich der Welt entrückt scheint
- Wendepunkt: ab der Wolfsjagt treibt die Handlung schnell voran, bis dahin bestimmt die Novelle episches Erzählen; die Rettung des Sohnes markiert den Wendepunkt

- Die unerhörte Schicksalssituation stellt der Moment des Wiedererkennens dar: Brigitta spricht Major mit Stephan an; es stellt die Erkenntnis der inneren u. moralischen Schönheit dar, zudem erfährt der Sohn, wer sein leiblicher Vater ist

Die Novelle des poetischen Realismus
- Umbruch der bürgerlichen Gesellschaft nach 1848 (Bekräftigung der polit. Verhältnisse, Beginn der Industrialisierung führte auch zum Wandel von den traditionellen moderneren Lebensformen)
- Dies spiegelt sich auch in den Novellen in der Auseinandersetzung mit den kollektiven u. den einzelnen bestimmenden Kräften, die umso spürbarer hervortraten, als die alten Ordnungen brüchiger wurden u. sich die neuen techn. U. sozialen Entwicklungen Bahn brachen
- Novelle erreicht in dieser Phase ihren Höhepunkt im 19. Jh.
- Mehr mit den Bedingungen menschlicher Existenz befasst, die als Begebenheit erfahren werden, zeichnet sie den Einzelnen als Mitgestalter seines sozialen u. geschichtl. Daseins
- Dieses Dasein erfährt der Einzelne oft als Erleidender von sozialen, geschichtl. u. psych. Entwicklungen, die sich seiner Kontrolle zu entziehen scheinen
- In der Novelle verbindet sich der Ausdruck der Trauer über den Niedergang der Tradition mit der Angst vor der heranziehenden Moderne, der man sich schutzlos ausgeliefert fühlte
- **Theodor Storm**

Unterhaltungen deutscher Ausgewanderten
- ➢ Knüpft an Boccaccios Decamerone an
- ➢ Die 6 Geschichten u. das abschließende Märchen sind in einem v.a. dialogischen Rahmen eingebettet, dessen Unterhaltungen Angehörige des Adels und des Bildungsbürgertums führen
- ➢ Bei Boccaccio ist es die Pest, die die Gesell. zur Flucht zwingt u. die Erzählsituation gründet
- ➢ Bei Goethe sind es die vorrückenden Revolutionstruppen, die die Flüchtlinge auf ihre rechtsrheinischen Besitzungen treiben; das Erzählen ereignet sich im Gefolge einer Notlage, die die Menschen als Opfer großer Weltbegebenheiten erscheinen lässt, also dass die Beteiligten keine Kontrolle/Einfluss auf die Geschehnisse hätten -> Erzählen wird zum Versuch, sich angesichts des geschichtl. Chaos der menschl. Ordnung zu vergewissern
- ➢ Weltgeschichtliche Hintergrund, doch das Politische bleibt nebensächlich: allg. Bemerkungen über die frz. Revolutionsheere, doch es werden bedeutende Worte über den Menschen, der sich aus dem gewohnten Dasein lösen musste, gesprochen
- ➢ Goethe vergleicht die bürgerliche Verfassung mit einem Schiff im Sturm -> wenn das Schiff scheitert, sieht man, wer schwimmen kann -> es wird sich über die Charaktere der Menschen ausgetauscht, wo es heißt, dass nur selten Menschen reiner Tugenden erscheinen, die wirklich für andere leben u. sich für andere aufopfern -> zeigt sich an der Gesellschaft der Flüchtlinge: Baronesse gilt als Mensch des Maßes u. bildet die Mitte; ihre Tochter Luise ist streitsüchtig; Vetter Karl ist kampfeslustig, Friedrich ist eher der zurückhaltende Tüchtige, der Alte ist der eigentliche geistige Partner der Baronesse u. ein Mann des inneren Anstands
- ➢ Eigentlicher Anlass für die Unterhaltungen ist der theoretische Diskurs über die „Novelle", der durch den Streit zw. Karl und dem reaktionären Geheimrat über die Mainzer Kubbisten (sind Deutsche, die Partei für die Revolution ergriffen) ausgelöst wird -> man soll sich Geschichten erzählen, die die menschliche und sittenhafte Haltung der Gesellschaft wieder herstellen: es werden zu Beginn Gespräche zu den ersten theoretischen Erörterungen über das Wesen der Novelle geführt -> so heißt es, dass nicht Wichtigkeit, sondern Neuheit einer Begebenheit den Reiz gibt; zudem wird der Begriff Neuheit erweitert: er beinhaltet Privatgeschichten, die einen Einzel- o. Sonderfall darstellen und das urspr. Menschliche in jeder Hinsicht betonen; zudem wird zu Boccaccios Novellenmuster u. seinen Nachahmern Abstand genommen, dadurch dass das Lüsterne ausgeschlossen wird + es sind Geschichten, die über verwirrende Empfindungen erzählen

=> ital. Novellentyp wird durch einen anderen ersetzt; zudem spielt der Zufall/ Schicksal eine Rolle (Rede ist von guten Menschen, die in leichtem Widerspruch mit sich selbst stehen u. der Zufall spielt mit der menschl. Schwäche)

=> zudem ist der gesellige Novellentypus mit dem überzeitlichen verbunden: Novelle kann das Älteste aktualisieren u. sie kann das Gegenwärtige wie etwas Uraltes behandeln

=> weitere Charakteristika der Novelle werden von der Baronesse gegeben (äußert ihren Anspruch an gute Geschichten): wenige Personen und Begebenheiten, einheitliche, begrenzte/ konzentrierte Handlung auf das Wesentliche; Handlung sollte sich voranschreitend, aber nicht zu schnell entwickeln; es sollte von guten, liebenswürdigen, aber nicht außergewöhnlichen Menschen die Rede sein; Geschichte sollte zum Weiterdenken anregen => Sparsamkeit der Handlung und Personen, erzählerisches Tempo sind ästhetische Gesichtspunkte

- ➢ Abweichung zu Boccaccio: 4 Geschichten werden von dem „Alten", einem Geistlichen, erzählt u. dieser gibt auch in den Rahmengesprächen den Ton an -> Wahl eines dominanten Erzählers weicht vom ital. Muster ab, in dem die versch. Erzähler prinzipiell gleich gestellt sind -> bei Goethe wird der Bildungsbürger im Kreis der Adligen herausgehoben
- ➢ Aufbau der novellistischen Rahmenerzählung:
  - am Anfang stehen 2 Geschichten, die von Unerklärlichem und Unfassbarem, aber dennoch

Wahrem   erzählen

- 1) *Geschichte von der Sängerin Antonelli*: es geht um rätselhafte akustische Sensationen, die die
      Sängerin nach dem Tod ihres Geliebten verfolgen; von ihm hatte sie sich bereits getrennt u.
seinem   Wunsch, sich noch einmal zu sehen, hatte sie nicht erfüllt gehabt
- 2) *Das rätselhafte Klopfen* erzählt von seltsamen Klopfgeräuschen, die die Schritte eines Mädchen
      begleiten, die sich behaglich weigert, einen ihrer Freier zu erhören-> es wird jeweils auf die
geheime Kraft   der Gefühle angespielt; das Unerklärliche (Mysteriöse) verweist auf die Grenzen des
geschichtl. Menschen; das Phantastische stellt nicht grundsätzlich die menschl. Ordnung in Frage, sondern
fordert eher den   Einzelnen dazu heraus, in dem ihm überschaubaren Lebensraum sich selbst u.
anderen gerecht zu werden
- 3) + 4) *Geschichte von der schönen Krämerin, Geschichte vom Schleier:* erzählen vom Ende
      leidenschaftlicher Liebe -> Krämerin wird Opfer der Pest; ehebrecherische Paar unterliegt einem
      geheimnisvollen Zauber, der vom Schleier der betrogenen Ehefrau ausgeht => bei beiden
            Geschichten bricht das Schicksal in die Beziehung ein u. macht dem Glück ein Ende
(Beteiligten können nicht   in den Lauf der Dinge eingreifen)
- 5) + 6) erzählen von moralischen Wandlungen und Läuterungen, die den Glauben an den
wirksamen   Einfluss des Menschen neu begründen; *Geschichte vom Prokurator:* junge Frau, deren
      Mann auf langer   Handelsreise ist, sehnt sich mehr u. mehr nach Zärtlichkeit u. Zuwendung
u. wendet sich deshalb an einen   anderen Mann (Anwalt), dieser hat aber wegen eines Gelübdes
jeglichem Genuss abgeschworen u. ernährt   sich nur von Wasser u. Brot, Frau nimmt seinen Vorschlag
an, die asketische Lebensweise mit ihm zu teilen,   bis ihr Mann wiederkommt -> am Ende sieht sie sich
von ihrem ehebrecherischem Verlangen geheilt und   gelangt zur Einsicht, „dass in jedem Menschen die
Kraft der Tugend im Verborgenen keimt";
      Geschichte von Ferdinands Schuld u. Wandlung: Mann hat wirklich schuldhaft gehandelt (aufgrund
seines verschwenderischen Lebenswandels wird er zum Dieb am Geld seines Vaters), durch Selbsteinsicht
lässt er von seinem unmoralischem Handeln ab u. am Ende entwickelt er sich zum erfolgreichen
Geschäftsmann u.   angesehenen Bürger
      => zeigen eine Tendenz zur moralischen Erzählung, denn die sittliche Würde des Menschen wird
wieder hergestellt
=> Technik, mit der gearbeitet wird, ist der Parallelismus der Geschichten; ist aber nicht ganz durchgeführt,
da das Werk Fragment geblieben ist (Baronesse meint, dass eine Geschichte, die andere erklären soll)
—   1. Geschichte ist eine Anekdote und keine Novelle: Antonelli stellt einen flachen Charakter dar;
      Verstorbene verwandelt sich einen geistreichen Geist (abwechslungsreiche Versuche, um
      Aufmerksamkeit zu erlangen); Vorgänge sind aneinander gefügt und die Geschichte löst sich in
      Wohlgefallen auf; Antonelli kommt zu keiner Einsicht/ keine Veränderung in ihrem Verhalten;
      Geschichte regt nicht zum Nachdenken an (erzählt aber von etwas Wunderbarem); doch eine
      seelische Verwicklung (es wird angedeutet, dass Antonelli über ihr Verhalten gegenüber dem
      Verschmähten in Zweifel gerät) wird angedeutet und 1. Geschichte verweist auf spätere 5. u. 6.
      Voraus
—   2. Geschichte steht parallel zur 1. und ist auch anekdotisch; hier steht das Mysteriöse, die
      unbekannte Welt noch mehr im Vordergrund; 2. Binnenerzählung greift auf die Rahmenhandlung
      über, als der Schreibtisch nach lautem Knall einen Riss zeigt u. zur selben Stunde der Zwillingstisch
      auf dem Nachbarsgut verbrannt ist
—   3. (dem Marschall Bassompierre nacherzählt) und 4. Geschichte geben einen unerhörten Vorfall (3.:
      statt der Geliebten findet der Marschall 2 Tote/ Opfer der Pest -> Geliebter wurde verschmäht/
      abgelehnt o. vielleicht auch: Mensch kann sein Schicksal nicht selbst bestimmen; 4.: skizziert die
      innere Tragik der Frau sowie die Überwindung dessen -> Einsicht und Erschrecken über eigene nicht
      sittenhafte Verhalten)

- Bei 5. u. 6. findet Steigerung der 4. statt, denn sie weisen auf eine Bewährung des Charakters u. gehören zu den moralischen Novellen
- Prokurator (Goethe griff auf Schwank aus den „Cent nouvelles novelles" von Cervantes zurück und vertiefte ihn zu einer Novelle): die Mahnung des Kaufmanns wird zum Leitmotiv: sie enthält ein Widerspiel, denn sie erlaubt das Unerlaubte, verbindet aber damit eine Bedingung, die es ausschließt, denn wer den bloßen Genuss will, sucht sich dazu keinen besonnenen Partner; die Gattin erliegt der Versuchung und die Voraussage des Gatten scheint sich zu erfüllen; aber gerade durch die gestellte Bedingung entgeht sie der Versuchung und der 2. Teil des Motivs, die Besonnenheit, siegt -> in diesem Widerspiel liegt die novellistische Überraschung (denn die Erwartung auf eine lüsterne Geschichte wird nicht erfüllt); Geschichte hat eine Moral bekommen; hier ist die psychologische Verinnerlichung erstrebt und die inneren Zustände des Kaufmanns sowie der Gattin werden aufgezeigt
- 6. Ferdinand: Vater ist tüchtiger Kaufmann, aber schlampiger Haushalter; die Mutter, eine kluge u. besonnene Frau, bildet den Ausgleich; als Thema ist vorangestellt, dass Kinder eine sonderbare Mischung von Eigenschaften der Eltern haben können u. von der Art des Einen zur Art des Anderen übergehen können; hier gibt es 3 Wendungen: 1. Ferdinands eigene Besinnung über sein verschwenderisches Verhalten und will selbst für seinen Fehler aufkommen; Verwicklung setzt ein, als Vater bemerkt, dass Geld u. dabei auch eine besondere Münzsorte fehlt; Mutter erfährt, dass Ferdinand viel Geld für die Werbung um Ottilie ausgegeben hat; Mutter stellt den Sohn zur Rede, als dieser von der Geschäftsreise zurückkommt u. gerade selbst entschieden hatte, ein neues Leben anzufangen und seine Schulden zu begleichen; Mutter beschuldigt ihn, Summe Gold entwendet zu haben, für die er aber nicht verantwortlich ist u. damit übersteigt die drohende Entehrung den Grad seiner Schuld -> Ferdinand bricht zusammen; hier tritt 2. Wendung ein: Gold findet sich, Vater braucht nicht mehr über Ferdinands Fehltritt informiert zu werden und Sohn begleicht unauffällig seine Schulden; darauf geschieht eine 3. Wendung: Ehe mit Ottilien wird möglich, aber Ferdinand erkennt in Ottilie nun den leichtfertigen, oberflächlichen Charakter -> Ferdinand entscheidet sich für die Ehe mit der Nichte des Geschäftsfreundes, die durch einen reinen, tiefsinnigen Charakter beschrieben ist
- Bau der letzten Novelle spiegelt das Verhältnis von Schuld und Sühne; er gliedert sich über die Wendepunkte auf; Leitmotiv der Schuld stellt die Verbindung her: wird im Diebstahl gegenständlich; auch die Versuche zur Sühne sind auffällig: Ferdinand versperrt sich die Möglichkeit zu weiteren Diebstählen; die Wandlung des Leitmotivs Schuld in Sühne reicht noch tiefer und führt in das Innenleben Ferdinands: er hat sich aus Liebe zu Ottilie vergangen; seine Erkenntnis über die eigene Schuld wiegt schwer, sein Verhältnis zu Ottilie kehrt sich um: er wird im äußeren Handeln schuldig, Ottilie im lieblosen Verhalten -> Ottilie zeigt innere Schuld, da sie Ferdinand nicht so sehr liebt, um für ihn aufs Land zu ziehen
- Zugleich ist die Handlung nach dem Verhältnis Ferdinands zu seinen Eltern gestaltet: die beiden Seelenhälften (Leichtsinn und Besonnenheit) ringen miteinander; doch auch nach sittlicher Wendung wirken die Eigenschaften der Eltern in ihm weiter: Ferdinand besitzt das Schaffensprinzip des Vaters (baut sich mit Zweigniederlassung eigene Existenz auf) und die Gefühlswelt der Mutter (Überlegtheit)
- Das Ereignishafte, Neue: das Ringen u. die Vereinigung der beiden Seelen (der Reifeprozess zum höchsten Sittlichen): Novelle zeigt die höchste Empfindung, die der Mensch haben kann, nämlich dass er sich durch eigene Kraft von einem Hauptfehler/ Verbrechen losmacht
- Märchen beschließt die *Unterhaltungen*: es schildert das zunächst problemvolle und schließlich erfolgreiche Zusammenwirken einiger von unterschiedlichen Gesetzen abhängigen Gestalten bis hin zur Geburt eines neuen, goldenen Zeitalters, eines harmonischen Staates, dessen Herrscher göttliche Ehrungen genießen -> dies wird im Bereich des Phantastischen beschrieben

Marquise von O...

- unerhörte Begebenheit einer rätselhaften Schwangerschaft leitet die analytisch angelegte Novelle ein;
- über die Suche nach dem unbekannten Vater führt die Novelle zur rückblendenden Darstellung kriegerischer Auseinandersetzungen, in deren Verlauf der verwitweten Marquise droht, Opfer einer Vergewaltigung durch russ. Soldaten zu werden;
- Welt ist in kriegerische Wirren verstrickt u. Welt scheint aus den Fugen; entfesselte Gewalten setzen die Selbstkontrolle des Einzelnen außer Kraft u. machen ihn zum willenlosen Opfer; Konfrontiert mit den Folgen einer verbrecherischen Tat, bleibt für Marquise der Täter selbst anonym;
- es entfaltet sich novellistische Situation: zeigt den Einzelnen in ein Geschehen verwickelt, dessen Antriebe ihm unbekannt bleiben, das Geständnis des russ. Offiziers lässt für die Marquise eine Welt einstürzen: aus ihrem Retter ist ein Schänder, aus dem Engel ein Teufel geworden -> die je polarisierte Welt wird trügerisch u. unverlässlich; Betrogen ist der Glaube an die uneigennützige, reine Menschlichkeit;
- Ende: die Liebesbeweise u. die Reue des Täters führen zwar zu einer Versöhnung u. in eine Ehe, in der dem Schuldigen um der gebrechlichen, verfallenden Welt wegen verziehen wird, aber die Tat selbst bleibt bestehen;
- es wird ein Blick in die Abgründe menschl. Triebverfallenheit gezeigt, der die Gefährdung sozialer Beziehungen u. die Hinfälligkeit der Humanität offenbart;
- anscheinend muss dem Frieden in der Welt das Ausüben u. Erleiden von menschenverachtender Gewalt vorausgehen, denn erst die sich ereignende menschl. Katastrophe ist imstande, vorübergehend eine Wende zur Menschlichkeit einzuleiten
- Das unerhörte Ereignis, dass eine unbescholtene Frau den Vater ihres Kindes sucht, an den Anfang gestellt
- Das Verbrechen wird mal als Geheimnis behandelt, mal durch Andeutungen halb enthüllt; zudem ist das Verbrechen des Grafen auch eine unerhörte Begebenheit
- Im entscheidenden Augenblick ist es durch einen Gedankenstrich angedeutet: „Hier – traf er, da bald darauf ihre erschrockenen Frauen erschienen, Anstalten, einen Arzt zu rufen..."
- Die Spannung, wie sich der Zusammenhang aufklären u. dann wie der Graf sich rehabilitieren wird, wird durch eine Leitmotiv unterstützt
- Leitmotiv ist nicht gegenständlich u. erscheint auch in keinem best. Wort; es handelt sich um den Widerspruch im Handeln u. Sein (Wundertaten des Grafen beim Löschen des brennenden Hauses, sein Beschäftigtsein, der häufige Wechsel seiner Farbe, seine Verwirrung, als er die schuldigen Soldaten nicht zu nennen weiß; als er mit dem Ruf: Julia, diese Kugel rächt dich! Gefallen sein soll -> stellen eine Motivreihe dar)
- Die Gegensätze Engel-Teufel umgreifen das gegensätzliche Wesen des Grafen; bei Marquise: Engel – (unausgesprochen, aber ihre Geltung in Gesell.) Hure
- Beide Gegensätze werden im Sinn einer tieferen Einheit überwunden
- Graf will sein Verbrechen wieder gut machen; aber als er sich mit der redlichsten Absicht zu Julietta hineinstiehlt u. sie überrascht, dann zeigt das, dass auch hier wieder etwas von der Sinnlichkeit durchbricht, die ihn bereits zum Verbrecher machte -> wo es um die Reinigung seines Herzen geht, erscheint seine Doppelnatur Engel-Teufel -> es wird ihm wieder zur Bewahrung der ins Schwanken geratenen weltl. Moral verziehen („um der gebrechl. Einrichtung der Welt willen")
- Eine Charakternovelle

Das Erdbeben in Chili

- Katastrophe geht nicht allein vom Individuum, sondern vom Kollektiv aus; auch hier bewirkt ungezügeltes Triebverhalten eine ausweglose Situation herauf, die sich aber anscheinend durch den Ausbruch des Erdbebens zu wenden scheint (Jossefe mit Kind u. Jeronimo können entkommen);
- Erdbeben ist von ambivalenter Sinnbildhaftigkeit: es bedingt einerseits die Befreiung des Liebespaares, andererseits verweist es auf den schwankenden Boden, auf dem der Einzelne steht u. versucht soziale Beziehungen zu knüpfen, zudem ist im unkontrollierbaren Erdbeben die Leidenschaft Jeronimos einbeschlossen, die das unglückliche Geschehen erst auslöste, denn unkontrollierbar erscheint auch der einmal ausgebrochene Trieb;
- Familienidylle sowie der versöhnliche Geist unter den Menschen nach dem Erdbeben täuschen: in der Kirche werden sie als das frevlerische Paar erkannt und grausam ermordet -> Humanisierung hat nicht stattgefunden, christl. Glauben läutert die Menschen nicht, sondern lässt sie in ihrem blinden Fanatismus zu Bestien verkommen; Ormez bilden eine kleine Insel echter Humanität (nehmen sich des Kindes der Sünde anstelle ihres ermordeten Kindes an), aber geben kein wirkungsvolles Beispiel ab u. können keine dauerhafte Veränderung einleiten; hier glauben sich die Fanatiker bis zum Schluss im Recht u. zeigen keine Reue
- Der kleistische Mensch ist voll von Leidenschaft; in dieser Leidenschaft gehört er der Welt des Unabsehbaren u. Unbegreiflichen an
- Eine Schicksalsnovelle: zeigt schon der Titel: das Geschehen steht über dem Handeln
- Zeigt ebenfalls Abgründe menschl. Bestialität
- Novelle beginnt mit dem Entschluss Jeronimos, sich zu erhängen
- Mitten in den grässlichen Augenblicken des erlebten Bebens, scheint der menschliche Geist, die Humanität in der Gestalt der Familie Ormez aufzugehen
- Doch aus Fanatismus heraus wird Jeronimo vor der Kirche von u.a. auch vom eigenen Vater erschlagen; dabei wird auch in Verwechslung mit Juan der kleine Philipp (Ormez Kind) ermordet -> Ormez ziehen das Sündenkind als das ihre auf (Bsp. wahrer Humanität)
- Silhouette wird dadurch gebildet, dass 2 Menschen, die sich naturhaft lieben, erst zum Morde verurteilt, dann unvorhergesehen gerettet werden u. dann unvorhergesehen zum Tode verurteilt werden
- In den Morden im Dom wird Erdbeben abgewandelt: es greift ins Seelische über -> moderne Mensch wird zum Spiegelbild der modernen Natur: Erdbeben der Menschheit
- Hier steht das Leitmotiv im Gegensatz zum Ereignis: es ist das Kind -> Rettung u. Erziehung des (Sünden)kindes bilden die sittliche Gegenmacht gegen das satanisch-sinnlose Geschehen in Natur und Mensch
- Objektivität: keine Einmischung des Erzählers, Vorgänge sprechen für sich selber (epischer Bericht und dramatische Erregung durchdringen einander)
- In den Vorgängen in der Kirche ist das Dramatische durch Ruf u. Gegenruf auffälliger, das Erzählerische durch Gestaltung des Erdbebens auffälliger
- Die Menschen werden innerlich hin u. her getrieben von der wankenden Welt -> sie haben weder in der Religion noch in sich selbst eine Mitte; der Mensch ist nicht aus der rohen Natur herausgewachsen, die Menschwerdung ist immer noch am Anfang (zeigt sich besonders bei der fanatischen Kirchengemeinde)
- Ausgenommen ist Ormez: er hat als einziger innere Freiheit, diese zeigt sich, als er mit Josefe am Arm geht, als sei sie eine unbescholtene Dame wie andere auch; und sie zeigt sich in seinem Kampf vor der Kirche; für ihn existiert das Menschliche allein; seine Freiheit ermöglicht ihm, die Welt von vorne anzufangen (nimmt Juan an Philips statt an); Paar Ormez ist zutiefst an reine Menschlichkeit gebunden, um noch von Konventionen abzuhängen (damit haben sie jenen Schwerpunkt in sich, der ihnen die Richtung auf Gott zuweist)

<u>Romeo und Julia auf dem Dorfe</u>

- Liebe scheitert an der Raffgier u. Unversöhnlichkeit der Väter
- Rahmenerzählung: zu Beginn wird sich auf eine wahre Begebenheit berufen, am Ende wird auf den Zeitungsartikel hingewiesen
- Novellistische Prozess ist konsequent abwärts geneigt, von der Verstümmelung der Puppe bis hin zur dem Tod entgegentreibenden Bootsfährt
- Steuerlos sich flußabwärts bewegende Boot ist Sinnbild des sich verselbstständigenden Ereignisses, eines Vorgangs, der sich offenbar menschlichem Eingreifen entzieht
- Die Novelle pointiert die selbstverschuldete Tragik der bürgerl. Gesell., die ihre Kinder zu unschuldigen Opfern macht, ohne Chance, sich gegen den Widersinn einer lieblosen Welt aufzubäumen
- Zentrales Thema ist borniert Eigensinn u. seine Folgen für das menschl. Zusammenleben
- Leitmotiv/ Falke: ist im Acker gestaltet (an ihm wird die Tragik entwickelt, die in der Gestalt des Geigers, der wie ein Gläubiger des Lebens wirkt, Gestalt annimmt)
- 3x wird Leitmotiv an Vorgängen sichtbar: wenn die 2 Bauern einander zerstören, weil sie vom selben Trieb besessen sind, die Liebenden finden gerade durch die Beziehung voller Hass zw. den Vätern zu einander u. kommen auf dem Feld zusammen, in der Liebes- u. Todesnacht tanzen sie unter Führung des Geigers über den Acker
- So wie der Acker begrenzt ist, ist auch das Leben durch den Tod begrenzt -> Tod gehört zum Leben u. so wird die Bedeutung des Leitmotivs vertieft
- Äußerlich gesehen verdunkelt sich die Lebensanschauung, innerlich wird sie erhellt (aus dem Hass der Bauern entsteht die Liebe der Kinder, aus der Liebe wird die Entschlossenheit, sie zu Ende zu leben; Liebe bleibt bei ihnen Liebe und dies bestätigt der Tod -> Tod rettet ein großes Gefühl
- <u>Symbole</u>: **Die Steine** sind ein Symbol, das im ersten Teil, also bis zum Wendepunkt der Erzählung, als Sali aus Wut einen Stein an den Kopf von Marti wirft, sehr oft vorkommt. Diese Tat ist ein Wendepunkt, da für alle Personen eine Art "neues Leben" beginnt. Marti wird verrückt und landet in der Irrenanstalt. Manz und seine Frau haben jetzt Ruhe vor ihm und führen ein etwas besseres Leben als zuvor, doch nur deshalb, weil Manz sich den Dieben anschließt. Für Sali und Vrenchen beginnt etwas Neues, jedoch nicht auf der Erde, da sie keinen anderen Ausweg mehr finden und sich nach ihrem gemeinsamen Tag umbringen. Das Motiv der Steine steht für Unfruchtbarkeit, Wildnis, Tod und die Zerstörung der Harmonie zwischen den beiden Familien. Die Steine sind lästige Gegenstände in den Furchen der Bauern, die man in die Mitte auf den wilden Acker, wie zu Beginn beschrieben wird, wirft. Als Manz den mittleren Acker erwirbt und ihn von all den Steinen "befreit", die auf ihm liegen, schüttet er sie auf das "streitige Dreieck", um es Marti heimzuzahlen. Die Steine versinnbildlichen auch die Trauer: "...und ihre Gemüter wurden so schwer wie Steine(S.42,Z.25)." **Die Puppe** von Vrenchen, die sie zu Beginn der Erzählung dabei hat, als Sali und sie ihren Vätern das Mittagsvesper bringen, tritt im Gegensatz zu den anderen Symbolen nur einmal auf. Sie spielt aber trotzdem eine wichtige Rolle, da sie mehrere Symbolfunktionen hat. Eine wichtige Funktion ist diese, als Sali das Püppchen mit einem Stein von der Distelstaude herunterwirft. Das weist auf die Stelle hin, als Sali Marti mit einem Stein an den Kopf wirft. Eine andere bedeutsame Symbolfunktion: Anschließend wird die Puppe von den beiden Kindern nach und nach zerstückelt. Hier wird auf den allmählichen Auseinandergang der Familien hingewiesen. Ein dritter Hinweis auf das, was noch geschehen wird, ist die lebendig begrabene Fliege in dem Puppenkopf, die die Kinder dort einschließen. Als Vrenchen ihren Vater ins Irrenhaus bringt, ist in der Novelle von einem "lebendigem Begräbnis (S.50, Z.11/12)" die Rede.
- **Der Fluss**, der durch das Dorf Selwyl fließt, ist das erste Symbol, mit dem die Novelle beginnt. Er ist das Symbol des Todes, da die beiden Verliebten ihren Tod in seinen Fluten finden. Bereits auf Seite

17, Zeile 33 findet eine symbolische Vorwegnahme des tragischen Endes statt. Er ist eine Art von "Spiegelbild", das die augenblickliche Stimmungen der Hauptpersonen zurückspiegelt. Zu Beginn, als die Familien noch nicht im Streit leben, ist er der schöne, ruhig fließende Fluss, der durch das Dörfchen fließt. Doch schon bald wird er zum tosend reißenden Fluss, als der Streit zwischen den Bauern auf der Brücke stattfindet. Die beiden müssen gegen ihn anschreien. Dort erreicht ihre Verfeindung ihren Höhepunkt (S. 30, Z. 15 - 19). Und schon am nächsten Tag, als Sali auf dem Acker auf Vrenchen wartet und er voller Glücksgefühle ist, glänzt er wieder in der Mittagssonne und fließt ruhig vor sich hin. Er ist außerdem ein Symbol des Elends, da sich dort die verarmende Schicht versammelt, um zu fischen, eine Tätigkeit, die darauf hindeutet, dass diese Menschen an ihrem absoluten Tiefpunkt angekommen sind. Er wird hier als eine "Heiligengalerie" beschrieben. Der Fluss ist das letzte Symbol mit dem die Erzählung schließt und hat somit das letzte Wort. Das wird auf Seite 87, Zeile 27 bis Seite 88, Zeile 5 schön deutlich. Das mehrfach vorkommende "bald" und was dem Fluss alles begegnet, weisen ein langsames "Ausschleichen" der Geschehnisse und des Lebens der Verliebten auf.

- Puppe und Fluss sind Vorausdeutungen für das tragische Ende
- Wendepunkte: Blitzschlag und Berührung zw. Sali u. Vrenchen, Sali schlägt Marti mit dem Stein nieder
- Unerhörte Begebenheit, weil am meisten die gesell. Regeln der damaligen Zeit verletzende, ist die Tatsache, dass die Liebenden ihr Glück im Tod finden

Die drei gerechten Kammmacher

- Sachse Jobst, Bayer Fridolin, Schwabe Dietrich, Fräulein Züs
- Stellen Typen dar, die allein durch extreme Sparsamkeit und Arbeitstüchtigkeit beschrieben sind; ihr einziges Ziel ist die Meisterstelle
- Die Einseitigkeit ihres gerechten u. langweiligen Lebens führt sie auf denselben Gedanken, der im lächerlichen Wettlauf gipfelt
- Sie stellen den Gegentyp zu den echten Staatsbürgern dar
- Im ganzen geht es um die wirkliche Ordnung: ob eine Eigenschaft gut o. schlecht ist, entscheidet meist der Zusammenhang -> Strebsamkeit, Entsagung, Sanftmut bedeuten nichts ohne Liebe
- Der Beruf sollte ein Mittel zur inneren Freiheit sein, Keller sah im genügsamen Ordentlichen, im privaten Dasein eine Gefahr für die echte Freiheit; er stellt die Ordnung, die sich durch einen Mangel an Eigenleben erklärt, der Ordnung gegenüber, die unter Austrag von Spannungen geformt wird
- Immanenz des Sittlichen erschließt sich aus dem Gegenteil -> Kammmacher enden in ihrer Torheit; es fehlt ihnen die Glückseligkeitsmoral, die des Glückes Grenze am Wohle des Anderen findet; aus Spießbürgern werden keine Staatsbürger
- 3 Gesellen kennen kein anderes Ziel, als arbeitsam u. sparsam ihr Leben zu verbringen mit dem Blick auf die freiwerdende Meisterstelle
- Selbst ihr Werben um die Züs, die über ein beachtliches väterliches Erbteil verfügt, ist ausschließlich von wirtschaftlichen Wünschen geleitet
- Wendepunkt: Lehrmeister eröffnet den 3 Gesellen, dass er nur noch einen von ihnen brauchen kann (weil sie durch ihre gute Arbeit zu viel Ware produziert haben)
- Nach der Heirat von Dietrich u. Züs erhängt sich Fridolin u. Jobst ertränkt sein Unglück im Alkohol; Dietrich hingegen gerät unter den Pantoffel von Züs
- Geld u. das Ansehen, das es verleiht, Geschäftigkeit und knauseriges Wesen verdrängen jede echte Lebensfreude und den Genuss sowie wahre Leidenschaft u. Liebe
- Spießige Beschränktheit verwickelt ihre Urheber in ein freudloses Dasein

Immensee

- Lyrische Novelle
- Geschichte steigt aus der Erinnerung des Alten auf, bleibt bloßer Vorgang der Seele u. nähert sich dadurch dem Gedicht; auch Technik ist die eines Gedichts: ist in Kapitel eingeteilt, die die Fkt. von Strophen haben; Kapitel sind mit Versen u. Gedichten durchsetzt
- Handlung tritt hinter die Stimmung zurück u. wird geradezu durch Sinnbilder ersetzt, die zugleich die Motive sind
- Motiv des Erdbeersuchens spricht von der missglückten Suche im Leben u. der versäumten Stunde; „Sterben, ach Sterben" spricht von der Einsamkeit; das Bildnis, das Erich von Elisabeth zeichnet spricht von der Nebenbuhlerschaft; die 2 Vögel, die verwelkte Blume Erika verweist auf das Gedenken der Liebe, Wasserlilie vom unerreichten Glück -> diese ist Leitmotiv, denn aus dem Erlebnis der Unerreichbarkeit lassen sich die übrigen Motive ableiten
- Novelle ist an einen Rahmen gebunden: Der Alte kehrt von einem Spaziergang nach Hause zurück und mit der Betrachtung des Fotos von Elisabeth beginnt die Binnenerzählung, die die Erinnerung an seine Jugendliebe erzählt, am Ende kehrt er aus den Erinnerungen zurück in die Rahmenhandlung
- Symbole für die unglückliche Liebe: unerreichbare Wasserlilie, die für die Liebe zu Elisabeth steht (so nah u. doch so fern), der tote Hänfling (Vogel); zentrale Motiv ist die im Immensee schwimmende Wasserlilie, die für Reinhard zum Greifen nahe ist, genauso wie sein persönliches Glück mit Elisabeth, aber doch unerreichbar bleibt
- Wendepunkt stellt der für den toten Hänfling ersetzte Kanarienvogel von Erich dar, ab hier schwindet die Hoffnung auf das Glück mit Elisabeth
- Das Volkslied „Mutter hat es so gewollt" stellt die unerhörte Begebenheit dar, denn es wird durch die Reaktion Elisabeths auf das Lied deutlich, dass sie ebenfalls auf ein Glück mit Reinhard gehofft hatte, sich aber letztendlich ihrer Mutter und damit den Regeln der bürgerlichen Welt fügen musste
- hier stößt der Wunsch nach ganzheitlicher Entfaltung in der Liebe mit dem nüchternen bürgerlichen Erwerbsalltag zusammen
- die bürgerl. Wirklichkeit versagt es dem Erzähler mit seiner Jugendliebe zusammen zu kommen, aber in seiner Erinnerung und in der Suche nach dem verlorenen, aber nie aufgegebenen Glück bleibt die Liebe u. Verbindung zu ihr präsent
- Fabel könnte lauten: Eine Frau u. ein Mann begegnen sich. Während sie sich innerlich nahe kommen, bleibt ihnen die körperliche Erfüllung verwehrt. Ihre Liebe u. sie selbst scheitern an der Gesellschaft

Auf dem Staatshof

- Zeigt den Untergang des Adels u. den Sieg des Bürgertums
- Staatshof, Besitz der niedergehenden Familie, ist das eine Leitmotiv
- Der Pavillon, der später wegen Einsturzgefahr geschlossen wird, ist das andere Leitmotiv
- Staatshof wird zum Symbol einer untergehenden Klasse, die einst ihre Macht missbraucht hatte (darauf weist die Begegnung mit der Bettlerin)
- Verlobung wird Sinnbild für die Erstarrung in der Überlieferung
- Auftreten Klaus Peters deutet die Nachfolge der kräftigeren, unverbrauchten Klasse an; der Tod im Pavillon deutet darauf, dass die Gemeinschaft zw. dem absinkenden u. dem aufsteigenden Leben misslingt (dem auch Marx angehört) -> Marx tötet wo er retten will
- Am Horizont rauscht das Meer: versinnbildlicht den unerbittlichen Lauf der Geschichte und den Wechsel der herrschenden Schichten sowie das ewige Werden u. Vergehen, das Todesschicksal

- Mit der zentralen weibl. Gestalt versinkt das Patriziertum u. an ihre Stelle tritt der nüchtern-geistlose Erwerbsalltag des Bürgers
- Zwecke verdrängen den Sinn, geistiger Genuss weicht dem Streben nach materiellem Gewinn
- Der Konflikt entzündet sich an der Kluft zw. dem Besitzbürgertum u. dem Handwerkerstand
- Die Protagonistin scheitert, weil sie die Erfüllung u. Schönheit jenseits ihrer kleinbürgerlichen Herkunft im großbürgerlichen Milieu sucht
- Aber die ungestillte Sehnsucht nach dem Glück über alle sozialen Grenzen hinaus überlebt
- Versagte Erfüllung weist auf die Übermacht der Verhältnisse u. die Ohnmacht des Menschen, der im tieferen Sinn im Recht bleibt

Pole Poppenspäler
- 2 Geschichten scheinen sich ineinander zu schieben: die Liebeshandlung (geht vom Motiv der Kinderliebe aus) u. einer Art Künstlertragödie; aber sie sind nicht nur verflochten sondern letztendlich eine Geschichte: hier ragen eine freie, bescheidene künstlerische Welt in eine bürgerliche
- Das Leitmotiv des Puppenspiels führt zum zentralen Geschehnis einer Künstlerkatastrophe; der bürgerliche Paul wird in diese Welt durch die Bezeichnung Pole Poppenspäler mit einbezogen
- Tendler hat ein stellvertretendes Schicksal für die Kunst, die ebenfalls stets versucht, über die Unterhaltung hinaus zu wirken; sein Misserfolg und er die separate Stellung der Kunst liegen darin begründet, dass bürgerl. Und künstl. Welt nicht einhergehen können (bürgerliche Welt nimmt moralische u. sittl. Impulse entgegen, doch das reine Spiel kann in der sittl. Welt nicht bestehen: verdeutlicht daran: verheiratete u. bürgerl. Lisei kann am Puppenspiel des Vaters nicht mehr mitwirken -> Untergang des Vaters)
- Ist eine Rahmennovelle: erste Ich-Erzähler blickt auf eine Phase seiner Jugend vor 40 Jahren zurück; sein Hobby das Drechseln verbindet ihn mit Paul Paulsen, den 2. Ich-Erzähler, der die zentrale Erzählfigur ist; 1. Ich-Erzähler führt Paul Paulsen ein; im eröffneten Rahmen wird deutlich, dass der Jüngere von dem Älteren gelernt hat u. Paulsen ist für ihn eine wichtige Person, ein Vorbild; Zeitspanne zw. dem erzählenden u. erlebenden Ich verweist auf den persönl. Reifeprozess; dies gilt auch für den 2. Erzähler: bei Übernahme der Erzählstimme ist er reifer Mann; auf Stichwort Pole P. erzählt er seine Entwicklung: erlebende Ich tritt dabei als Kind u. als junger Mann entgegen -> beiden Altersstufen gliedern die Binnenerzählung; der vom 2. Erzähler eröffnete Rahmen umfasst die Binnenerzählung (Kernstück der Novelle): in drei Entwicklungsstufen (ausgehend von Erzählgegenwart des älteren Paul, über die Kindheit, die Jugend und das Mannesalter und wieder zurück zur Erzählgegenwart -> am Ende steht sittlich vollendete Persönlichkeit) -> Rahmenbau ermöglicht die Aufspaltung in ein erzählendes u. ein erlebendes Ich u. damit die Spannung zw. Aussang und Ziel des Reifungsprozesses; Rückblende leitet dabei analytisches Erzählen ein, das erklärt wie er zu dem geworden ist, was er ist; Unterbrechungen des 2. Erzählers akzentuieren die zentrale Liebesgeschichte (verweisen auf das Glück Pauls, das ihm zuteil geworden ist)
- Ist ein Beispiel der glücklich endenden Novelle -> strukturell wird dies durch eine Erzählführung geleistet, die das Strukturmerkmal des Wendepunkts nutzt: immer wieder drohen negative Ereignisse der Geschichte eine negative Wendung zu geben (Beschädigung des Kasperle, Abschied von Lisei, Tod der Eltern, Beschuldigung des Tendlers, misslungene Aufführung des Puppenspiels und Missgunst u. Aggression; aber es wendet sich zum Positiven (Reparatur, Wiedersehen, Rehabilitierung, Einzug ins Elternhaus, Aufnahme des Tendlers, nach Tod des Tendlers geht glückliche Leben weiter und Sohn)
- Novellistisch ist die Überzeugung, dass der Mensch stets in sein geschichtl. U. gesell. Umfeld eingebunden ist, wo er diesem nicht mehr gerecht wird (Tendler) scheitert er -> Darstellungsweise

des Wendepunkts hebt den Rhythmus des Vergehens und Werdens hervor, in dem auf Unglück Glück folgt, auf Tod Leben

- Unerhörte Begebenheit fällt hier zusammen mit der Erfüllung der menschl. Sehnsucht, hier u. jetzt glücklich zu werden
- In der Novelle bilden Ästhetisches u. Ethisches eine Einheit, indem der einzelne durch die Kunst sittl. Impulse erhält für eine harmonische Lebensgestaltung, während sich das reine Spiel dem sittlichen Ernst nicht gewachsen zeigt -> es wird der Gegensatz zw. Künstlertum und Bürgerlichkeit diskutiert u. zugunsten des bürgerlichen Lebens entschieden, in dem Kunst als Handwerk, nicht aber als Basis einer künstlerischen Existenz möglich ist
- Paul Paulsen stellt dabei ein bürgerliches Vorbild dar, in seiner Kindheit mit dem Auftauchen der Puppenspielerfamilie Tendler war sein bürgerlicher Werdegang kurzzeitig gefährdet, da er von der Puppenspielerwelt fasziniert war, doch er geht, nach der Abreise der Familie seinen bürgerlichen Weg weiter und wird zu einem angesehenen, hilfsbereiten, gutmütigen Bürger, der ehrenvoll seinem Handwerk nachgeht
- Die unbeabsichtigte Zerstörung des Kasperle durch den kleinen Paul verweist auf das Scheitern des fahrenden Künstlertums
- Dieses repräsentiert der Puppenspieler Tendler, der am Ende scheitert; mit ihm wird auch der Kasperle begraben; Tendler scheitert und muss zur Kenntnis nehmen, dass seine Kunst in einer Zeit des gesell. Umbruchs, die mit der Proletarisierung des Handwerkertums einherging, an Anerkennung verloren hat
- Symbole: *Bank* unterm Lindenbaum (zieht sich durch gesamte Erzählung) -> steht für die bürgerl. Welt (in Kindheit gab es neben seinem Elternhaus eine solche Bank, dort saß er auch gerne mit Lisei; als sie sich nach 12 Jahren wiedersehen u. wieder eine Trennung droht erinnert ihn Lisei an diese Bank, im Rahmen sitzt Paul mit seinem Lehrling wieder auf einer solchen Bank) -> Symbol Bank und der beschädigte Kasperle repräsentieren das vernünftige, rationale bürgerliche Leben; *Kasperle* ist ein Symbol für die Phantasiewelt/ für das Spiel (soll Unterhaltung bringen u. stellt den Gegensatz zum Alltag des bürgerl. Lebens dar); mit dieser Marionette begann für Joseph der Übertritt in das Spiel, fern von der realen Welt; in dieser rein ästhetischen Welt kann er aber nicht existieren und scheitert/ geht mit Kasperle unter

L'Arrabbiata

- Falkenmotiv = Wendepunkt: Laurettas Biss in die Hand löst die endgültige Überwindung ihrer spröden Verschlossenheit
- Ihr abwehrendes Verhalten, das in ihrer negativen Erfahrung im Elternhaus begründet ist, entspannt sich in der persönl. Anteilnahme an dem Schmerz , den sie Antonino, der sie aufrichtig liebt, zugefügt hat
- Durch den Wandel entfaltet sie ihre natürliche Sinnlichkeit, wodurch sie selbst fähig wird zu lieben
- Die Erlösung aus einem isolierenden Verhaltensmuster führt den Einzelnen in den sinnstiftenden sozialen Zusammenhang
- Heyse verlagert den Konflikt in den Einzelnen selbst; sein Menschentyp ist bei allem Selbstbehauptungs- u. Durchsetzungswillen fähig zur Einsicht in die eigenen Schwächen
- Sein Novellentyp erfüllt sich in einer Art Bildungsnovelle, die die Entfaltung von Humanität an die individuelle Reifung bindet u. dabei die kollektiven Bedingungen weitgehend ausblendet
- Falke, bedeutsame Einzelheit, markiert innerhalb der novellistischen Handlungsführung die Wendung zu einer Lösung des bornierten individuellen Verhaltens
- Es ist ein seelischer Vorgang entwickelt, der im Sprung ins Meer kulminiert
- Leitmotiv der Sprödigkeit nimmt in der Spröden Gestalt an; der Umschwung erfolgt in ihr mit einem heftigen Bruch -> Biss u. Sprung ins Wasser, danach Mitfühlen mit Antoninos Schmerz u.

Bereitschaft zur Liebe, indem sie ihre abwehrende, schützende Haltung aufgibt u. die aufrichtige
Liebe von Antonino erkennt

Bahnwärter Thiel

- Die Bedeutung der Umwelt ist betont, die auch der Innenwelt entspricht
- Innerlichkeit von Thiel wird durch die Welt des Forstes, in die die Technik seltsamerweise gut passt, nahe gebracht: Thiel ist triebhaft, ein Stück Natur selbst; die Stürme des Waldes, die unheimlichen Eindrücke, wenn ein Zug heranrast sind zugleich Ausdruck von Thiels Seele u. Erlebnisweise -> stilles Grübeln u. stürmische Erregung wiegen ähnlich in ihm auf u. ab
- Es gibt kein abstraktes Grübeln: wenn er an die Tote denkt, sieht er sie meist u. so denkt er nicht nur an Rache, sondern muss sie auch umsetzen
- Zentrale Geschehnis/ Wendepunkt: Tod von Tobias; dies bringt die Entscheidung nach der gefährlichen Seite
- Aus der Welt des Bewusstseins, in der er nur noch halb lebt, sinkt er ins Unbewusste u. schließlich in den Wahnsinn
- Verbindende Macht ist immer der Traum -> Thiel wird reiner Trieb, zerstörende Natur
- Dieser Ausgang ist durch das plötzlich auftauchende Leitmotiv vorweggenommen: es erscheint als Traum -> Tote trägt ein blutiges Bündel; dann als Blutregen vor der Lokomotive; im blutbedeckten Tobias u. im Doppelmord => Leitmotiv kreist also um die Mitte des Unglücks
- Schritt für Schritt auf den Mord zu wird nachgezeichnet: in Thiel lebte Anfangs trotz Triebhaftigkeit ein feineres Wesen -> er hatte sich in erster Ehe auch mit feineren Frau verbunden -> in der 2. Ehe erliegt er durch sexuelle Hörigkeit seiner Triebhaftigkeit; jenes Feinere wird in den Traum gedrängt, wird selber dumpf u. triebhaft u. so wert sich Thiel denn gegen seine 2. Frau durch den Angriff seiner gesamten Natur
- Furchtbare ist, dass dieser Ausbruch, der zugleich ihn vernichtet, seinen Anlass in dem Feineren/ Edleren hat: Thiels inneres Leben mit der Toten läuft neben seinem Äußeren mit Lene -> er ist bereits gespalten
- Stellt damit die Begegnung mit 2 Welten dar, die des Heiligen u. die des Grässlichen
- Novelle hatte urspr. Untertitel „novellistische Studie", weil der Frage nachgegangen wird, wie ein herzensguter Mensch zum Mörder werden kann
- Diese Novelle bezeichnet eine Schwellensituation in der neueren Geschichte des Erzählens
- Sie deutet auf die Novellentradition des 19. Jh. zurück durch die Erzählung einer sich ereigneten unerhörten Begebenheit (Mann wird mit dem Tod seines Sohnes zum Mörder und verfällt dem Wahnsinn) und nimmt, auf „moderne" Weise verändernd, deren symbolisches Sprechen auf
- Die symbolische Sprechweise lässt dinglich-sinnliche Außenwelt u. psychische Innenwelt ineinander greifen (das ist das „moderne")
- Auch die Wahl von Stoff und Milieu aus der Alltagswelt der Arbeiter war modern; zudem die Darstellung sexueller Triebgebundenheit und die Zerfallsgeschichte eines in den Irrsinn stürzenden Menschen
- Dies entsprach der naturalistischen Revolte gegen die harmonisierende/ abgedämpfte Stoffwahl u. Weltdeutung der bürgerlichen Literatur
- Begriff „Studie" verweist auf die unmittelbare Beobachtung am Objekt, zudem betonte er das Ausschnitthafte, die Zurückhaltung gegenüber der Forderung ästhetischer Vollendung
- Außenwelt wird zum Spiegel der Innenwelt; die Grenzen zw. Außenwelt und Innenwelt fallen; Mensch entfremdet sich seinem eigenen Ich und der Wirklichkeit -> dies wird dargestellt
- Thema ist der ungesicherte Mensch
- Hat auch symbolische Züge aufgrund der Sensibilität für das Akustische und Optische, für Farben, Töne, Stimmungen und Atmosphäre in der natürlichen und in der technischen Landschaft

- Hauptmann zielt auf eine erzählerische Objektivität; Erzähler tritt hinter dem Dargestellten zurück (es gibt keine Beurteilungen und Wertungen; Gedankliches, was kommentieren und reflektierend oder als sozialkritische Stellungnahme über den geschlossenen Bildausschnitt hinausweisen könnte, wird vermieden)
- Erzähler ist dort sichtbar, wo er die Erscheinungen in der Landschaft und in der technischen Umwelt und die Vorgänge im menschlichen Bereich zur wechselseitigen Identifikation bringt
- In der Tradition Goethes führte die Novelle durch eine krisenhafte Gefährdung, durch einen Sturz ins Ungeordnete zu einer versöhnenden Ordnung des Lebens zurück
- Bei Hauptmann wird der unaufhaltsame Weg eines auf Ordnung und Güte angelegten Mannes zum Mord an seiner Frau u. seinem Kind u. zum Irrsinn erzählt; der Durchbruch der Verzweiflung u. der Zusammenbruch eines in seiner innersten Existenz zerstörten Menschen wird gezeigt
- In der inneren Verkettung des Bahnwärters zeigt sich eine gnadenlose Wirklichkeit, der man nicht entrinnen kann; die Wirklichkeit ist eine elementare, im Unbewussten drohende Gewalt im Menschen selbst („Es war, als hielte ihn eine eiserne Faust im Nacken gepackt, so fest, dass er sich nicht bewegen konnte, so sehr er sich auch unter Stöhnen sich frei zu machen suchte")
- Die Gestaltung des Psychischen wird in das Unbewusste verlegt
- Diese tragische Opfer- und Rachegeschichte im zeitgenössischen kleinen Alltag verdeutlicht die Existenz des Menschen, die durch den unauflöslichen Widerspruch in ihm und im Leben beschrieben ist
- Wärterhäuschen ist Thiels „Kapelle", eine Schutzinsel vor seinem gegenwärtigen Leben mit der neuen Ehefrau; es ist der Raum, den er seiner verstorbenen Frau widmet (er erinnert sich dort viel an sie, hält Zwiegespräche)
- Wechselnde Bilder der Gleisstrecke (mal ruhig und still, mal tosend, wenn die Züge entlang fahren; Eisenbahn wird als erhabenes und furchtbares beschrieben, die aus Stahl und Eisen besteht, grau, kalt und bleich ist) verweisen auf die Natur des Menschen -> brutale Triebnatur der Lene zeigt Züge des Maschinenhaften
- Erste Abschnitt führt im zeitlich raffendem Bericht in die Biographie Thiels ein
- Folgenden Abschnitte wenden sich dem Vorgang selbst zu, der in kräftiger Steigerung dramatischer Spannungselemente in die Katastrophe hineinführt: Tod der ersten Frau (durch sie fand Thiel ein stilles Glück), das Vermächtnis des hilflosen Kindes -> veranlasst Thiel zur übereilten Ehe mit Lene; Lene lähmt ihn seelisch und macht ihn sinnlich hörig; die Leiden Tobias als Opfer der Brutalität der Stiefmutter -> bei Thiel erwächst dadurch eine Schuld, da er seiner neuen Frau gegenüber zu schwach ist und nicht seinen Sohn schützt; die lange verdrängte Schuld bricht dann gewaltsam in sein Bewusstsein -> gipfelt dann in der Katastrophe des Zugunglücks, wodurch sich seine Hilflosigkeit, seine angestaute Erbitterung und Verzweiflung freisetzen und sich in der blinden Tat freisetzen
- Thiel lebt in gespaltener Existenz: lebt zw. der Sehnsucht nach etwas Reinem, Seelenhaftem, das ihn an seine erste Frau bindet und das ihn ganz in die Innerlichkeit des Erinnerns zurück ziehen lässt, und einer begehrlichen Triebhaftigkeit, die ihn an Lene bindet und die ihn sich fasst unterwerfen lässt
- Er versucht, diesen Widerspruch auszuhalten (trennt den Innenbereich vom Triebbereich: Bahnhäuschen ist der Raum für seine Erinnerungen, außerdienstliche Leben ist Raum für Triebhaftigkeit, in dem er seine 2. Frau erträgt und begehrt) -> der Versuch in dieser Spannung zu leben, scheitert, da Lene in seinen Schutzraum einbricht (er hat beim Bahnhäuschen ein Stück Acker bekommen, den Lene zu bearbeiten hat) -> die Wirklichkeit ist stärker und er kann nicht gegen sie (Lene=Wirklichkeit) ankommen
- Darauf folgt die lange, tobende, stürmische Nacht (Innenwelt Thiels), in der Thiel den Traum hat: eher eine Vision, in der seine tote Frau mit einem blutigen Bündel im Arm auf den Gleisen vor ihm

flüchtet -> ihm wird seine Schuld gegenüber Tobias und sein Elend bewusst; das Erhaben-Feierliche und Schöne der Waldlandschaft geht in das Unheimlich-Bedrückende über; Thiel kann seinen Sohn nicht gegen das Unheil der Gleise schützen -> es gibt keinen Schutz vor dem Wirklichen (Technik: Wirkliche vergegenwärtigt sich in der Waldlandschaft, in der Gleisstrecke und der Eisenbahn)
- Natur wird zum Symbol der gleichen unfassbaren und zerstörenden Mächte, die im Menschen ausbrechen und ihn vernichten

Der kleine Herr Friedemann

- Dekadenznovelle: nicht aus dem Sinn der Stille, die die zarten, aber innerlich immer noch starken Menschen bei Storm o. Stifter hatten, sondern aus dem Erlebnis einer allgemeinen Auflösung, aus einer Lebensschwäche entsteht eine Abwandlung der lyrischen Novelle; sind letztendlich Schicksalsnovellen, die das Schicksal eines Niedergangs deutlich machen
- Früheste Novelle, in der die Spannung Geist-Leben auftaucht
- Spott, Lachen kehren leitmotivisch in scharfem Gegensatz zu den leuchtenden Stimmungen wieder; sie schließen hinter dem lautlosen, grausamen Geschehnis ab (Friedemann steigt ins Wasser)
- Friedemann steht als Schlechtweggekommener unter einem finsteren Schicksal, dem er zu entgehen sucht: in der Kindheit durch Verzicht, in der Jugend durch heitere Bescheidenheit, bei der Begegnung mit Gerda dann zunächst durch ausweichen
- Aber das Leben ist stärker, als der Versuch es zu bewältigen -> für ein so abseitiges Leben gibt es kein Glück
- Er ist ein geistiger Mensch, was seinen Körper noch mehr schwächt
- Er ist ein ästhetischer Held mit ästhetischen Reizen, er widerlegt den Ästhetizismus im Gehalt (in Gestalt Friedemanns wird die Schwäche des Ästhetizismus offenbar)
- Frage nach der Schuld (Amme war Schuld) ist unwichtig gegenüber dem Lebensverlust u. der Rache des Lebens (Außenseitertum)
- Novelle gehört zu den Zeugnissen, dass in untergehenden Zeit der Geist sich selber hasst, dass er in der körperlichen Schwäche den Kaufpreis für seinen Reichtum sieht
- Wendepunkt: erste Begegnung mit Gerda/ eher der Besuch bei Gerda, bei dem er Spott erfährt -> sein Vorsatz, sich nicht zu verlieben, da ihm dieses Glück aufgrund seines Äußeren (verwachsene Gestalt) nicht gewehrt ist, gerät ins Wanken, da er sich in sie verliebt -> sein Verhalten ändert sich, kann den kleinen Dingen nichts Gutes mehr abgewinnen und auch den Schmerz und die Qual kann er nicht mehr als Glück empfinden und hinnehmen (mit der Abweisung Gerdas, die sich in ihren spöttischen Blicken ihm gegenüber äußert, kann er den Hohn, Spott u. die Ablehnung insgesamt nicht mehr ertragen) -> nach dem Besuch bei Gerda: er verspürt keine Liebe mehr zum Leben: ihn durchzittert die tiefe Sehnsucht nach seinem verloren Glück

Brigitta

- Leitmotiv ist der Gegensatz zw. innerer Schönheit u. äußerer Hässlichkeit; bei Stephan abgewandelt, da er eine zeitlang äußerlich schön bleibt, es aber innerlich nicht ganz ist; am Schluss gilt nur noch die innere Schönheit
- Mit Leidenschaft ist die Frage gestellt nach dem Wesen des Schönen u. sucht das Geheimnis des Weltgesetzes, in dem Liebe u. Schönheit untrennbar sind -> davon ist in der Novelle die Rede: es wird der Grundsatz, dass der Mensch schön wird, wenn er gut ist, während es keineswegs sicher ist, dass ein schöner Mensch auch gut ist, beschrieben
- Durch Wendepunkt (verletzter Sohn Brigittas) wird dieser Grundsatz bestätigt; durch die aufopfernde u. mitleidende Pflege des Sohnes erkennen sich die Eheleute wieder

BEI GRIN MACHT SICH IHR WISSEN BEZAHLT

- Wir veröffentlichen Ihre Hausarbeit,
  Bachelor- und Masterarbeit

- Ihr eigenes eBook und Buch -
  weltweit in allen wichtigen Shops

- Verdienen Sie an jedem Verkauf

Jetzt bei www.GRIN.com hochladen
und kostenlos publizieren